Nouvelle Calédonie.

RAPPORTS

SUR LES

DIFFÉRENTS BUREAUX ET SERVICES

RAPPORTS

sur les différents bureaux et services

Instruction publique

INTERNATS — *Orphelinat des garçons.* — Depuis la création de l'orphelinat des garçons, 106 enfants ont été reçus à cet établissement.

En 1887, le chiffre des enfants entretenus par l'Administration a été de 87, dont 57 européens ou métis et 30 indigènes. Ce chiffre a été maintenu pour l'année 1888. Les crédits inscrits au budget de 1888 pour l'orphelinat d'Yahoué s'élèvent à 40,000 francs.

A l'orphelinat d'Yahoué est entretenue une école indigène comprenant 30 élèves venus des divers points de la colonie. Ils sont particulièrement instruits de manière à fournir des moniteurs aux écoles indigènes de l'intérieur. Ils sont tous employés aux travaux de culture et aux travaux manuels.

En vertu des dispositions de l'arrêté du 10 décembre 1887 sur les orphelinats, l'Administration, sur l'avis conforme de la Commission instituée par l'article 8 de cet arrêté, a décidé le placement chez les colons de 27 enfants dont 13 garçons et 14 filles. Ils ont été engagés chez différentes familles de l'intérieur et de Nouméa. De plus 7 élèves d'Yahoué et 22 élèves de l'orphelinat de Nouméa, se trouvant dans les conditions prescrites par l'arrêté du 10 décembre 1887, pour ne plus être entretenus par la colonie, ont été, depuis le 1er avril, retirés par leurs parents.

La Commission de surveillance des orphelinats a proposé l'admission à Yahoué de 10 garçons et à l'orphelinat de Nouméa de 13 filles. Ces admissions ont été approuvées par le Gouverneur. L'effectif de l'orphelinat de Nouméa au 1er juin 1888 était de 52 enfants. Celui des élèves d'Yahoué au 1er juin 1888, métis ou européens était de 44. — Elèves de l'école indigène 20.

Le programme de l'enseignement de l'orphelinat des garçons comprend : la langue française, des notions d'histoire et de géographie, le calcul élémentaire, comprenant les quatre opérations, les fractions et le système métrique, la gymnastique, l'instruction morale, l'hygiène ; ils doivent aussi être employés à des travaux de culture et manuels, afin de leur donner l'habitude du travail et de les préparer à devenir des colons.

Le programme d'enseignement pour les filles comprend : la langue française, des notions d'histoire et de géographie, le calcul élémentaire, comprenant les quatre opérations, les fractions et le système métrique, l'instruction morale et religieuse, l'hygiène, la couture. Les orphelines autant que le permet leur âge sont occupées aux travaux du ménage.

Les crédits inscrits au budget de 1888 pour l'orphelinat des filles sont de 36,715 francs. Le nombre des enfants à entretenir à l'orphelinat des filles a été porté, comme en 1887 a 75.

SITUATION *des diverses écoles de la Colonie au 1er juin 1888*

TITRES	NOMBRE	LOCALITÉS	ECOLES		ÉLÈVES GARÇONS	ÉLÈVES FILLES	ÉLÈVES TOTAL
Professeurs	3	Nouméa	Ecoles laïques	Collège colonial (enseignement secondaire)	6		6
Instituteurs	5			Cours primaire Ecole communale des garçons, école maternelle.	114 42		156
Institutrices	9			Ecole communale des filles. — Cours prim^e. Ecole maternelle.		100 42	142
Instituteurs	4		Écoles congréganistes	Ecole libre des garçons.	116		116
Institutrices	3			Ecole libre des filles.		123	129
Institutrices	6			Orphelinat des filles.		52	52
Institutrice	1		Ecole laïque mixte : Mlle Maillot.		9	9	18
Instituteur Institutrice	1 1	Ile Nou	* Ecoles laïques pénit^{res}	garçons. filles.	21	25	46
Instituteur	1	Ile des Pins	* Ecole laïque pénitentiaire.		5		5
Institutrice	1	P. Ile Ducos.	* Ecole laïque mixte pénitentiaire.		13	7	20
Instituteurs	3		Orphelinat laïque de garçons.		64		64
Institutrices	5	Yahoué Conception	Pensionnat libre congréganiste de jeunes filles.			33	33
Instituteur	1		Ecole laïque mixte.		13	5	18
Instituteurs	5	Dumbéa. Païta	Ecole communale congréganiste des garçons.		75		75
Institutrices	1	Païta	Ecole communale congréganistes des filles.			32	32
Instituteur	1		Ecole laïque mixte.		15	3	18
Institutrice	1	Saint-Vincent	idem		7	5	12
Instituteur	1	Bouloupari	idem (pénitentiaire)		11	15	26
Instituteur	1	La Foa	* idem		18	6	24
Institutrice	1	Moindou	idem		4	1	5
Instituteur	1	Thio	idem		5	14	19
Institutrices	1	Canala	*Ecoles congréganistes pénitentiaires	Ecole des filles.		66	66
Instituteurs	1			Ecole des garçons	38		38
Instituteurs	1	Bourail	Internat agricole congréganistes pénitentiaire		69		69
Instituteurs	1	Pounérihouen	Ecole laïque mixte		7	4	11
Institutrice	1	Koné	idem		7	8	15
Institutrice	1	Ouégoa	idem		3	8	11
Institutrice	1	Téremba	idem pénitentiaire.		8	2	8
Institutrice	1	Pouembout.	idem		6	4	12
			TOTAL.........		611	567	1238

* Ecoles entretenues par l'administration pénitentiaire.

Service topographique

Le personnel de ce service qui comprend deux géomètres s'occupe de la délimitation des mines. Cependant l'un d'eux a été temporairement détaché pour délimiter des concessions à Koné destinées à des immigrants envoyés par le Département; conformément à la délibération du Conseil général, en date du 15 mars 1888 deux autres géomètres ont été demandés au Département pour hâter la délimitation des mines.

MINES

Pendant l'année 1887, la situation de l'industrie minière néo-calédonienne s'est améliorée d'une façon sensible en ce qui concerne l'extraction et l'exploitation des minerais de nickel et de cuivre; elle est restée à peu près stationnaire en ce qui concerne l'extraction et l'exportation des minerais de cobalt et de chrôme.

En effet, si l'on compare les chiffres des minerais divers exportés en 1886 et en 1887, il est facile de voir : que le minerai de nickel exporté en 1887 a été de 8.602 tonnes au lieu de 920 tonnes en 1886, soit une augmentation de 7,682 tonnes en faveur de 1887.

Le minerai de cuivre exporté a été de 1,062 tonnes, au lieu de 638 tonnes en 1886, soit une augmentation de 424 tonnes. auxquelles il faut ajouter 1,000 t. de minerai extrait en 1887 et restant en dépôt sur les mines au 31 décembre 1887.

Les minerais de cobalt et de chrome exportés en 1886 se sont élevés aux chiffres de 1,265 tonnes de chrome et de 3,082 tonnes de cobalt et en 1887, ils ont été de 1,320 tonnes de chrome et de 3,262 tonnes de cobalt, soit en faveur de 1887, une légère augmentation de 55 tonnes de minerai de chrome et 180 tonnes de minerai de cobalt.

Il n'y pas eu d'exportation de minerai de plomb argentifère pendant l'année 1887, le chiffre d'extraction de ce minerai a été d'environ 700 tonnes restant en dépôt sur le carreau des mines qui sont encore dans la période des recherches.

Les recettes minières effectuées en 1886 se sont élevées au chiffre total de 29,492 francs; en 1887 elles se sont élevées au chiffres de 31,039 francs en ce qui concerne les demandes de permis de recherches et de concessions minières; à ce chiffre il convient d'ajouter celui de 16.200,89 c. recouvré sur les exercices antérieurs pour redevances arriérées dues par des mines instituése.

Du 1er janvier au 31 mars 1888, les recettes effectuées par le bureau des mines pour les demandes de permis de recherches et de concessions minières se sont élevées au chiffre total de 38.733 francs dont il faut déduire celui de 14,220 francs représentant les sommes qui devront être remboursées ultérieurement pour des demandes de concessions minières faites en concurrence; la recette réelle effectuée du 1er janvier au 31 mars 1888 a donc été de 24,513 francs, accusant ainsi pour le 1er trimestre de l'exercice courant un excédant de recettes de 14,5 3 francs, sur les prévisions budgétaires de l'exercice 1888.

L'amélioration constatée, en 1887, dans l'extraction et l'exportation des minerais divers, ne peut que s'accentuer en 1888, car, en ce qui concerne l'extraction du minerai de nickel, on pouvait compter, fin 1887, sur un rendement mensuel de 5 à 600 tonnes pour le groupe des mines de Thio.

L'exploitation des mines de nickel de Kua a été reprise fin 1887; et l'on pouvait compter à cette époque sur un rendement mensuel de 100 à 150 tonnes.

Des travaux de recherches sont, en outre exécutés sur différents points de l'île, notamment dans la région de la Tontouta où un centre important d'exploitation ne tardera pas a être créé; il en sera de même sur plusieurs autres points de l'île le jour où lés demandes de nickel se produiront plus nombreurses snr le marché européen, et surtout, si le projet de loi relatif à la transformation de la monnaie de bronze en nickel, est adopté par les Chambres dans le courant de ce cette année.

Uune assez forte baisse s'étant produite fin 1887, sur le prix de vente des minerais de cobalt, l'exportation de ce minerai a été un peu ralentie; mais, par contre l'extraction et l'exportation du minerai de chrome ont pris une plus grande extension, ainsi que le prouve le chiffre de 660 tonnes exportés pendant le 1er trimestre de l'année courante.

En présence d s bons résultats obtenus dans les travaux de recherches exécutés sur les gisements houillers de Moindou et des Portes de Fer, des démarches sont faites actuellement par des demandeurs de concessions houillères, pour arriver à la formation des Compagnies qui entrepren- deraient l'exploitation de leurs mines; il faut espérer que leurs efforts seront couronnés de succès et qu'une exploitation houillière ne tardera pas à s'ouvrir dans la colonie et qu'elle contribuera à donner une plus grande extension à industri e minière.

CONTRIBUTION FONCIÈRE

Le rôle général de la contribution foncière, qui en 1887 contenait 1.000 articles pour une somme de 99.795,71 c.

comprend en 1888, 1.068 articles pour un total de 118,630,82 c. soit une augmentation de 18.835 f. 11 centimes.

Le rôle général des patentes de 1887 s'est élévé à 74.838 fr. 75 c. se décomposant comme suit :

Rôle général pour Nouméa, 275 articles pour un total de 54.227 fr. 25 c. dont 36.151 fr. 50 c. pour le Service local et 18,075 fr. 75 c. revenant au Service municipal.

Rôle général des arrondissements 242 articles pour un total de 20 611 fr. 50 c. dont 15.197 francs pour le Service local, et 5.444 fr. 50 c. pour les Commissions municipales, savoir :

Dumbéa (12 côtes)......	280.00
Païta (11 côtes).........	280.00
Saint-Vincent (3 côtes)..	105.00
Bouloupari (5 côtes)....	175.00
Moindou.................	175.00
Canala (22 côtes)........	525.00
Thio (11 côtes).........	227.50
Bourail (47 côtes).......	1.400.00
La Foa (22 côtes).......	645.75
Pounérihouen (7 côtes)...	140.00
Houaïlou (7 côtes).......	253.75
Hienghène (8 côtes).....	218.75
Koné (8 côtes)..........	271.25
Ouégoa (25 côtes).......	717.50
Ensemble......	5.414.50

Les rôles supplémentaires établis pendant le 4e trimestres 1887 ont atteint la somme de 17.816 fr. 86 c se décomposant comme suit :

Service local.............	12.314.46
Service municipal........	4.272.19
Commissions municipales..	1.232.21
	17.818.86

Le rôle général des patentes de 1888 a atteint 72.360 fr. 75 c. dont 48.240 fr. 50 c. pour le Service local, et 24.120 fr. 25 c. au profit de la ville de Nouméa.

Le rôle des arrondissements a atteint la somme de 28.822 fr 50 c. dont 22.905 fr. 75 c. pour le Service local et 5,916 fr. 75 c. pour les Commissions municipales, se décomposant come suit :

Dumbéa (19 côtes).....	770.00
Païta (15 côtes)........	577.50
Saint-Vincent (3 côtes)..	140.00
Bouloupari (9 côtes)...	402.50
Moindou (5 côtes)......	157.50
La Foa (25 côtes)......	857.50
Canala (22 côtes)......	647.50
Thio (11 côtes)........	402.50
Houaïlou (9 côtes)......	407.75
Pounérihouen (8 côtes).	122.50
Koné (9 côtes).........	341.25
Ouégoa (16 côtes)......	600.25
Hienghène (11 côtes....	490.00
Ensemble....	5.916.75

Le rôle supplémentaire du 1er trimestre 1888 a produit 7.381 fr. 47 c. dont 4.920 fr. 97 c. pour le Service local, 2.035 fr. 55 c. pour le Service municipal de Nouméa et 424 fr. 95 c. pour les Commissions municipales.

En résumé, il résulte des explications qui précèdent que le rôle des patentes de 1888, présente vis à vis de celui de celui de 1887, une augmentation de 15.907 fr. 11 qui s'accroîtra par l'établissement des rôles supplémentaires des trois autres trimestres.

Droits de vérification des poids et mesures

Le rôle des poids et mesures pour l'année 1887 présente 141 contribuables pour une somme 1.107 fr 40 c.

Le rôle de 1888 sera établie après la vérification annuelle qui, conformément aux prescriptions de l'article 4 de l'arrêté du 21 octobre 1876, a lieu chaque année, à partir du 15 octobre.

Réclamations et dégrèvements

Le nombre total des réclamations individuelles en décharge ou réduction sur les contributions directes et reconnues fondées qui en 1887 était de 13, a été pour 1888 de 4 seulement.

Le tableau qui suit présente, pour les Exercices 1886 et 1887, la comparaison des dégrèvements accordés à la date de ce jour sur contribution directe.

Nature des Contributions	Décharges et réductions		Remises et modérations	
	1886	1887	1886	1887
Foncière.......	18.31	9.45	«	315.00
Patentes	1.325.60	498.75	105.00	«
	1.343.91	508.20	105.00	315.00

CONTRIBUTIONS INDIRECTES

Recettes réalisées en 1887

Droits de l'octroi de mer	198.349.40.
Droits de consommation sur les liquides...	449.384.64
Taxe sur les tabacs..............	215.104.45
Taxe sur l'opium..............	4.781.00
Droits d'emmagasinage	1.745.00
Produit des registres d'entrepôt.......	278.00
Total des Recettes.....	869.642.79

ETAT *comparatif des recettes réalisées pendant les années 1886 et 1887*

	1886	1887
Droits de l'octroi de mer...	151.975.56	198.349.40
Droits de consommation sur les liquides..........	406.974.18	449.384.94
Taxe sur les tabacs......	106.203.83	215.104.45
Taxe sur l'opium.......	6.050.00	4.781.00
Droits d'emmagasinage ...	1.980.50	1.745.00
Produit des registres d'entrepôts............	104.00	278.00
Totaux....	673.288.07	869.642.79
Différence en faveur de 1887.	196.354.72	

ENREGISTREMENT

La recette de l'année dernière, déduction faite des opérations de Trésorerie, s'est élevée au chiffre de 78,257 fr. 80 c.

Par comparaison avec la moyenne des années précédentes, les recouvrements de 1887 ont présenté une moins value de 31,000 francs, timbre compris, et de 3,700, timbre déduit. Encore ce résultat n'a-t-il été obtenu que grâce à une mutation d'immeubles sans exemple en Nouvelle-Calédonie.

L'année courante ne sera guère meilleure ; je compte néanmoins atteindre les prévisions inscrites au budget.

Cette situation impose des mesures à prendre pour l'avenir.

Le rendement de l'impôt est faible et hors de proportion avec ce que coûte le bureau (12. 25 %). Et cependant, à cause des charges qui incombent au receveur, les émoluments de cet agent sont insuffisants.

La situation du Service local ne permet pas d'accroître les dépenses Il faut donc remédier aux inconvénients signalés ci-dessus par d'autres moyens.

Le tarif est faible : On peut le remanier.

La besogne du fonctionnaire est compliquée, les écritures nombreuses. — Obligé d'expédier presque seul, et sans le concours du collaborateur capable dont il aurait eut besoin, les multiples affaires quotidiennes, il se vois dans la nécessité de faire vite, c'est-à-dire d'examiner très superficiellement les questions de perception, sans pouvoir pourtant consacrer au recouvrement des condamnations judiciaires tout le temps qu'il faudrait.

Or, on peut, sans créer de nouvelles taxes, et par une légère augmentation des droits existants, accroître de vingt à vingt-cinq mille francs les produits du bureau de l'Enregistrement, et regagner ainsi, presque totalement, la perte causée par l'abolition du timbre.

D'autre part, il est possible d'apporter dans les écritures de grandes simplifications qui, sans nuire à l'ordre intérieur des travaux, profiteraient directement au Service local, en laissant plus de temps à consacrer à l'étude des perceptions et au recouvrement des frais de justice.

II°

Amendes et frais de justice

Il reste à recouvrer, pour le compte du Service local.

Amendes de simple police.	11.816
Amendes correctionnelles.	23.855,87
Frais de justice.	11.337,40
Total. . .	47.009,27

Sur cette somme très élevée, il ne paraît guère possible de recouvrer plus du quart soit onze à douze mille francs. Il faut tenir compte de l'état d'indigence de la plupart des débiteurs et des difficultés de recouvrement inhérentes à cette nature de créances.

Exercer la contrainte par corps contre ces insolvables, c'est grever le budget local d'une nouvelle charge sans profit. Mais il y a lieu d'ajouter que le temps m'a manqué depuis le commencement de l'année, pour suivre activement les rentrées de cette catégorie. Je suis convaincu que je finirai par obtenir des résultats meilleurs et arriver à une augmentatisn de recettes de 4 5,000 francs par an. Au 30 jnin, sera fourni l'état des restes à recouvrer à ave justifications à l'appui. Ce document permettra d'annuler les double emplois et les articles prescrits, et de reporter aux surséances les non valeurs. Il n'y restera plus que les créances susceptibles d'un recouvrement probable, et une fois la situation déblayée, je compte bien arriver à un apurement complet des autres articles.

III°

Autres recettes

Le timbre n'existant plus, les rares recettes effectuées sous ce titre ne sont plus que des régularisations du passé. D'année à autre, cet article produira de moins en moins.

C'est ainsi que l'année 1886 a donné encore une recette de 5,546 fr. 62 c. ; que 1887 n'a plus rapporté que 315 fr. 70 c. depuis le 1er janvier 1888, il n'a été effectué à ce titre qu'une recette de 67 fr. 20 c.

Les droits de greffe sont d'un faible rapport, environ cent francs par mois.

Les autres recettes consistent dans dès recouvrements de pénalités imposées par l'arrêté sur l'enregistrement et en amendes de fol appel résultant du Code de procédure civile. On ne saurait attendre un produit sérieux de ces recettes.

En résumé, l'Enregistrement ne produit qu'une recette moyenne de 65,000 francs. Le timbre a disparu. Les autres recettes ne donnent guère plus de 1,500 à 1,600 francs par an. Enfin les amendes et frais de justice pourront atteindre un minimum de quinze mille francs.

TABLEAU comparatif des recettes pendant les six dernières années

	Année 1882		Année 1883		Année 1884		Année 1885		Année 1886		TOTAL		Produits moyens		Année 1887		DIFFERENCE en pour pr 1887		DIFFERENCE en moins pr 1887	
Enregistrement........	53.056	61	71.542	33	65.109	78	62.577	95	73.054	50	329.341	17	65.468	23	64.275	54	»	»	1.192	69
Timbre................	25.037	45	26.739	91	39.389	84	41.667	98	5.546	62	138.384	80	27.676	36	315	70	»	»	27.360	66
Amendes, frais de justice	13.698	83	16.749	37	15.949	13	8.738	96	17.814	29	72.947	58	14.589	52	11.474	64	»	»	3.114	88
Autres recettes.........	2.010	93	2.702	25	993	81	1.223	99	1.130	90	8.064	88	1.612	98	2.191	92	570	54	»	»
TOTAUX......	93.803	82	117.733	86	121.442	56	114.204	88	99.543	31	546.732	43	109.346	49	78.257	80	»	»	»	»
Totaux sans le timbre..	68.706	37	90.993	95	82.052	72	74.540	90	93.996	69	408.350	63	81.670	13	77.942	10	»	»	»	»

Soit en moins pour 1887....... 31.088 fr. 69

et sans le timbre..... .... 3.728 fr. 03

Recette des mois de janvier, février, mars et avril 1888.

Enregistrement	23.417.09
Timbre	7,20
Amendes et frais de justice	2.597,90
Autres recettes (amende de timbre)	60
Ensemble	26.082,19

dont le quart est de 6.620 fr. 54 c.
soit pour l'année 78.246 fr. 54 c.

Mais il y a une recrudescence dans les recettes depuis le mois de mai, et en outre, il faut compter sur un rendement des amendes et frais de justice supérieur à celui des quatre premiers mois.

SERVICE DES PONTS ET CHAUSSÉES

Personnel

Les réductions apportées depuis quelques années dans le personnel du Service des Ponts et Chaussés ne permettent plus d'assurer le fonctionnement régulier de ce service. Les conducteurs surchargés de travail se plaignent avec juste raison, de ne pouvoir suivre convenablement tous les détails de leur subdivision, et le Chef du Service lui-même n'ayant à sa disposition aucun agent pour le seconder dans la partie technique et administrative, se trouve dans l'impossibilité de faire face aux exigences multiples d'un service aussi considérable.

Matériel — travaux d'entretien

BATIMENTS. — Le crédit alloué pour l'entretien des bâtiments qui variait annuellement de 48 à 50,000 francs, a été abaissé, pour 1888, à 38,101 francs Cette réduction énorme ne permet pas de tenir les bâtiments en bon état d'entretien, et des réclamations se produisent de tous côtés, principalement en ce qui concerne le casernement de la gendarmerie. L'insuffisance de l'entretien des bâtiments aura avent peu, pour conséquence l'exécution de travaux coûteux de grosses réparations

ROUTES ET VOIES DE COMMUNICATION. — Le crédit demandé pour l'entretien des voies de communication a subi également des réductions qui rendront dificile le maintien des chaussées en bon état. Ces réductions portent en effet, exclusivement sur les matériaux d'empierrement. Le Conseil général a pensé que le Service des ponts et chaussées n'avait pas tenu compte dans ses évaluations de la diminution du prix de la main-d'œuvre et que, en réduisant dans une certaine proportion les sommes demandées pour la fourniture des matériaux d'empierrement, il serait néanmoins possible d'avoir le cube correspondant à l'usure annuelle.

Or, il résulte des appels à la concurrence faits au commencement de l'année que les prix de revient fixés par le Service des ponts et chaussées étaient plutôt trop faibles que trop forts. En effet, nos prévisions indiquaient, pour la route n° 1 un prix moyen de 9 francs par mètre cube de matériaux, pour extraction, cassage et transport à pied d'œuvre, et l'offre la plus avantageuse a fait ressortir un prix de 18 francs ainsi décomposé :

Extraction	8 francs
Cassage	5
Transport. . . .	5
Total égal . . .	18 francs

Nous avons rejeté, comme trop élevé, les prix d'extraction et de cassage, et nous avons fait exécuter ces travaux en régie, à l'aide de la main d'œuvre pénale ; mais même dans ces conditions, le prix d'extraction, de cassage et de transport de un mètre cube de pierre est encore supérieur à 9 francs.

Pour la route n° 13, nous avons obtenu du moëllon brut rendu à pied d'œuvre au prix de 7 francs alors que nos prévisions étaient de 9 francs pour un mètre cube de pierre cassée ; l'écart de 2 fr. représente à peine le prix du cassage par la main-d'œuvre pénale. Le cube des matériaux d'empierrement à employer en 1888 se trouvera donc réduit dans la proportion de 25 % environ, et cette réduction aura certainement une influence fâcheuse sur la viabilité, étant donné le peu d'épaisseur des chaussées, en général, et les dégradations considérables occasionnées par les dernières pluies.

La viabilité pourra se trouver compromise encore, sur certaines parties de routes, par les difficultés que nous éprouvons dans l'emploi de la main d' œuvre pénale. Suivant les instructions contenues dans la dépêche ministérielle, n° 814, en date du 18 octobre 1887, l'Administration pénitentiaire ne permet plus que des groupes de 5 ou 6 condamnés travaillant sous la direction d'un chef d'équipe libre ou libéré, couchent dans des campements non gardés par des surveillants militaires, tout en déclarant que le petit nombre de ces agents ne permet pas d'en détacher un pour des groupes de 5 ou 6 condamnés.

Cette mesure, jointe à la suppression du camp de Païta, ne nous permet plus d'envoyer les condamnés sur la route n° 1 au delà du 23e kilomètre ; sur la route n° 2, ils ne dépassent pas le 5e kilomètre.

Le Chef de la colonie a bien voulu, il est vrai, à la date du 24 mai, autoriser à faire coucher, comme autrefois, des condamnés cantonniers dans les baraques échelonnées le long des routes. Cette mesure assure l'entretien proprement dit des chaussées, mais nous restons en présence des mêmes difficultés, en ce qui concerne l'exploitation des carrières, la reconstruction des ouvrages d'art, et en général tous les travaux dont l'exécution exige un nombre de travailleurs supérieur à 4 et inférieur à 20.

Travaux neufs et de grosses réparations

Batiments. — On a terminé, au moyens des crédits inscrits au budget de l'exercice 1887, la prison civile à Nouméa, le bureau télégraphique de Houaïlou et les prisons de Touho, Pouenérihouen et Hienghène, ainsi que la restauration du phare.

Depuis le 1er janvier, on a exhaussé le toit de l'écurie de la caserne de gendarmerie de La Foa, un travail analogue en cours d'exécution au dortoir des indigènes, à l'orphelinat des garçons, sera bientôt terminé.

La construction du bureau téléhraphique de Touho a été adjugée le 25 avril aux sieurs Hue et Varin, pour le prix à forfait de 9.395 francs, inférieur de 105 francs à notre estimation.

Malgré toute la publicité donné à cette adjudication et les facilités de la construction, les colons de Touho et des localités voisines n'ont pas répondu à l'appel de l'Administration, qui n'a reçu qu'une seule offre, celles des sieurs Hue et Varin, entrepreneurs à Nouméa.

Routes et voies de communication. — Des caniveaux et des trottoirs ont été établis, en 1887, sur la partie de la route n° 13 comprise entre l'origine de cette route (*rue Sébastopol*) et la caserne d'infanterie, ce travail va se continuer sur la route n° 1, entre le même point (*rue Sébastopol*) et la rue Marignan. Les matériaux nécessaires sont en grande partie approvisionnés à pied d'œuvre, ou en carrière, à l'île aux Chèvres.

Deux ponceaux en bois ont été reconstruits en maçonnerie, sur la route n° 1, en 1887. Sur la route n° 2, près de Saint - Louis, on a démolie deux ponts en bois qui menacaient ruine ; le passage a été établi à gué, en attendant la reconstruction de ces ouvrages, prévus au budget de 1888. Les pluies abondantes du commencement de l'année et aussi l'impossibilité que nous avons signalée d'employer la main-d'œuvre pénale au-delà d'un certain périmètre ne nous ont pas permis de nous occuper, jusqu'à ce jour, de ces travaux.

Un ponceau a été reconstruit sur la route n° 1, depuis le 1er janvier, à la Dumbéa ; on approvisionne des matériaux pour la reconstruction de plusieurs autres ouvrages au même lieu et notamment d'un pont de 8 mètres d'ouverture, sur le ruisseau Ouanéoué. L'avancement de ces travaux est retardé par le mauvais temps, et aussi par le manque d'ouvriers d'art que l'Administration pénitentiaire ne peut pas toujours mettre à notre disposition, bien qu'ils soient accordés d'après le tableau de répartition trimestrielle de la main-d'œuvre pénale, entre les divers Services employeurs.

Quai. — Au 31 décembre 1887, le massif de béton formant la fondation du mur de quai, au-dessous du niveau des basses mers, était à moitié terminé. Depuis cette date, on a achevé la fondation en béton et construit le mur en maçonnerie de moëllons et pierres de taille, au-dessus du niveau des basses mers, sur une longueur de 42m 50.

Nous pensions, avec le crédit de 50.000 fr. demandé pour 1888, pouvoir continuer ce travail et l'avoir terminé, à la fin de l'année, jusqu'à la rue Marignan, mais le Conseil général ayant décidé que le traitement du personnel chargé de ces travaux (un conducteur et un piqueur) serait prélevé sur le crédit de 50.000 francs, il nous restera à peine de quoi faire la fondation.

Nous appelons de nouveau l'attention de l'Administration sur la situation de la partie de quai terminée en 1878. Ce quai n'est entretenu ni par la Ville, qui perçoit le produit de la location, ni par le Service local, qui ne dispose d'aucun crédit pour l'entretien de cette partie de la grande voirie Une somme de 3 000 francs, prélevée sur le crédit affecté aux travaux des ports et rades, a bien été mise à notre disposition, mais cette somme suffira à peine pour opérer le dragage des débris de toute sorte accumulés au pied du mur de quai, et il nous sera matériellement impossible de faire à la fondation de l'ouvrage les réparations dont nous avons signalé plusieurs fois déjà l'importance et l'urgence. Nous demandons, à cet effet, l'inscription d'un crédit de 15.000 fr., au budget de 1889.

Dépenses diverses

Etudes. — Nous ne disposons, pour les études de tous genres, que d'un seul conducteur qui ne peut évidemment suffire à tous les besoins. C'est ainsi que nous ne pourront étudier en 1888 que la route de Port-Laguerre à Saint Vincent par Tonghoin, alors que le plan de campagne prévoit encore l'étude de la route de la rive gauche de La Foa.

En outre, nous nous trouvons en présence d'un travail considérable de copies de plans et de profils que nous n'avons pas les moyens de faire exécuter. C'est pourquoi nous demandons pour 1889, l'augmentation du personnel employé aux études.

Phare

Ce service ne présente rien de particulier. Le personnel est suffisant ; le matériel est en bon état. Deux appareils neufs d'éclairage pour le petit feu rouge ont été reçus dernièrement, ainsi qu'une certaine quantité de mèches, verres, pompes, becs et autres matières ou objets.

Les corrosions de la berge de l'Ilot Amédée, qui avaient pris, dans le courant de l'année 1887, un caractère inquiétant à l'Est, se sont arrêtées, et tout fait supposer qu'aucun travail de défense ne sera nécessaire, comme on avait pu le craindre pendant un instant

---

POSTES ET TELEGRAPHES

Organisation. Personnel

Aucun changement n'a eu lieu, pendant le dernier exercice, dans l'organisation du Service des Postes et Télégraphes de la colonie non plus que dans son personnel métropolitain.

Bâtiments

Le personnel est heureux de constater une amélioration qui est venue compléter l'installation des bureaux de Poste et Télégraphe du chef-lieu : L'éclairage au gaz. Ce luminaire rend le travail de nuit beaucoup plus facile et permet par suite, de donner plus rapidement satisfaction au public.

Quant aux bureaux de l'intérieur, quelques uns laissent encore beaucoup à désirer sous le rapport des garanties de sûreté.

Certaines localités, même, où le service des Postes et Télégraphes est relativement important, ne possèdent pas de bureau.

Que l'une de ces gérantes, dont le mari est instituteur, vienne à quitter l'Administration pour une cause ou une autre, le service postal et télégraphique n'est plus assuré. — Pareille situation ne peut se prolonger indéfiniment. Des dispositions sont donc à prendre pour assurer un local partout où le service des Postes et Télégraphes est appelé à être maintenu.

Exploitation postale. — Bureaux

L'exploitation postale est toujours assurée par les mêmes règlements.

La colonie possède aujourd'hui 27 bureaux de Poste qui sont :

1 Nouméa	15 Pam
2 Pont des Français	16 Oubatche
3 Dumbéa	17 Hyenghène
5 Païta	18 Touho
4 Saint-Vincent	19 Pounérihouen
6 Tômo	20 Houaïlou
7 Bouloupari	21 Canala
8 La Foa	22 Thio

9 Téremba
10 Moindou
11 Bourail
12 Koné
13 Gomen
14 Ouégoa
23 Baie du Prony
24 Ile des Pins
25 Lifou
26 Maré
27 Ouvéa

Statistiques — Produits

Le tableau ci-dessous de statistique comparée indique le mouvement des correspondances de toute nature pendant les années 1885. 1886, et 1887.

Ce tableau indique également les produits réaliser par le trésor local pendant ces mêmes années.

		ANNÉES		
		1885	1886	1887
SERVICE INTÉRIEUR				
Expédition	Lettres	64.101	69.417	61.872
	Plis de service	31.128	30.650	32.994
	Journaux périodiques	27.492	31.415	29.642
	Imprimés divers	15.048	14.917	13.220
	Envois recommandés	996	1.019	948
	Nombre de valeurs déclarés.	6	7	6
	Montant de valeurs déclarés.	(1.400 f.)	1.350 f.	1.830 f.
SERVICE EXTÉRIEUR				
Expédition	Lettres	63.423	64.050	66.0?0
	Plis de service	298	349	392
	Jurnaux et imprimés périodi.	11.027	15.050	14.010
	Imprimés diverses	5.170	4.947	3.975
Réception	Lettres	63.327	65.950	67.995
	Plis de service	3.018	4.007	4.879
	Journaux et imrimés périodi.	27.642	28.005	29.615
	Imprimés divers	13.002	13.516	13.020
Envois recomd.	Expedition	3.402	3.813	4.369
	Réception	2.541	2.480	20.055
Valeurs déclarés	Expédition	67	68	70
	Valeur	26.900 f.	60.294 f.	43.636.75
	Réception	59	120	139
	Valeurs	34.200 f.	105.528 f.	74.654 f.
Colis-postaux	Expédition	154	162	220
	Réception	1.420	1.474	1,910
Total général des correspondances de toute nature		332.727	349.116	347.401
Produits réalisés par le Trésor		53.897.86	54.520.60	55.560.25

Il résulte des chiffres ci-dessus que les correspondonces postales privées augmentent toujours sensiblement et par suite les recettes. Les bureaux de Poste ont versé au trésor, pendant l'année 1887, 46.612 fr. 75 et les personnes autorisées à vendre des timbres-postes en ont débité pour 8.947 fr. 50, soit un total de recettes postales de 55.560 fr. 25 c.

Courriers

Voie de terre :

Aucun changement n'a été apporté dans la marche des courriers de terre si ce n'est, en ce qui concerne la malle-poste de Nouméa-Païta, qui prolonge sa course jusqu'à Bouloupari.

Voie de mer :

Comme par le passé toutes les localités de l'île sont visitées deux fois par mois par les vapeurs de la Compagnie des transports maritimes. En outre, les îles Loyalty, Maré, Ouvéa et les Nouvelles-Hebrides sont visitées par un courrier mensuel.

Exploitation télégraphique. — Bureaux

Les règles de la correspondance télégraphique privée sont toujours les mêmes.

La correspondance officielle seule a été modifiée par un nouvel arrêté en date du 18 janvier dernier.

Les bureaux télégraphique de la colonie sont encore au nombre de 23 et sont indiqués ci-dessous :

1 Nouméa
2 Dumbéa
3 Païta
4 Saint-Vincent
5 Bouloupari
6 La Foa
7 Téremba
8 Moindou
9 Bourail
10 Koné
11 Gomen
12 Ouégoa
13 Pam
14 Oubatche
15 Hienghène
16 Touho
17 Pouérihouen
18 Houaïlou
19 Canala
20 Thio
21 Prony
22 Ducos
23 Ile Nou

Statistiques. — Produits

Le tableau ci-dessous, de statistique comparée, indique le mouvement des transmissions et les produits pendant les années 1885, 1886, et 1887.

NOMBRE des TRANSMISSIONS	ANNÉES			PRODUITS	ANNÉES		
	1885	1886	1887		1885	1886	1887
Dépêches officielles..........	26.037	22.153	18.244	Taxe des dépêches officielles..	189.946.90	119.325.50	96.330.40
Dépêches privées......, ...	43.413	41.214	12.583	Taxe des dépêches privées....	36.846.75	28.192.85	32.641.85
Totaux.....	69.450	63.367	30.827	Totaux.....	226.793.65	147.5 8.35	128.962.25

Il résulte de ces chiffres que l'administration avait parfaitement raison, en 1887, de ne pas attribuer la diminution des recettes qui s'était produite en 1886 au nouveau tarif réduisant à 0 fr. 10 c. au lieu de 0 fr. 20 le mot supplémentaire de la dépêche simple qui est de 10 mots. Cette baisse était uniquement due à une diminution dans le nombre des télégrammes privés. Ce qui le prouve, c'est le résultat de 1887 qui est bien supérieur.

Le nouveau tarif donne donc satisfaction aux partisans de l'abaissement des taxes, tout en sauvegardant les intérêts du trésor. En effet, il n'influe en rien sur les dépêches simples, la diminution n'existant que sur les mots supplémentaires. Or, les télégrammes privés sont pour la plupart simples. Donc pas de changement dans les recettes. Il faut qu'il y ait réellement urgence pour que le public ajoute des mots supplémentaires et, étant donnée cette diminution, il regarde moins au nombre de mots pour bien exprimer sa pensée. Il s'en suit qu'il y a compensation.

Quant à la télégraphie officielle elle est de beaucoup inférieure aux années précédentes, et comme nombre et comme taxe. Ici, avec le nouveau tarif, c'est le contraire qui a lieu. Les dépêches officielles étant généralement longues, à nombre égal, les recettes doivent forcément diminuer. La baisse constatée est donc la conséquence de la diminution dans le nombre des télégrammes et dans le tarif nouveau des taxes.

Mais là ce ne sont que des recettes fictives et par conséquent pas de perte pour le trésor.

Réseau :

Comme les années précédentes le Service télégraphique se borne à entretenir ses lignes déja existantes. — En procédant ainsi il y a grand avantage pour le budget local en ce sens que nous eviterons, à un moment donné, la reconstruction de nouvelles sections.

Câble sous-marin :

Les rapports antérieurs font connaître tout ce qui a été fait dans le but de conserver la communication avec l'Ile Nou. Ce vieux câble, déja hors de service en France, a été immergé en octobre 1875 entre Ducos et l'Ile Nou. — Il a été relevé en 1885 et, morceau par morceau, on en a rétabli un de 900 mètres alors qu'il ne paraissait plus possible d'en tirer parti. Immergé de nouveau entre Nouméa (Hôpital) et l'Ile Nou Pointe Lambert) la communication a été rétablie entre Nouméa et l'Ile Nou. Mais, ainsi qu'on pouvait le prévoir, ce conducteur n'a plus aucune valeur et c'est avec des efforts et une patience inouis que ces deux points communiquent encore.

SERVICE DE LA POLICE

Le personnel de la police en Calédonie se compose actuellement ;

d'un Commissaire de police,
d'un adjudant,
de deux brigadiers,
de deux sous-brigadiers,
et de vingt et un agents.

Le Commissaire de police, un sous-brigadier et deux agents, se trouvent en congé en France.

Par décision de M le Gouverneur, en date du 7 mai courant, l'adjudant de police, remplit les fonctions de Commissaire de police.

Un brigadier et cinq agents sont détachés dans l'intérieur de la colonie : à Bourail, Houaïlou, Hienghène, Ouégoa, Lifou et Ouvéa.

Un agent est attaché au bureau de la libération pour le contrôle des transportés libérés.

Un autre agent est détaché au secrétariat pour le travail du bureau de plus en plus important.

Enfin le deuxième brigadier est chargé actuellement du service des renseignements, de la prostitution, des garnies et de la surveillance du personnel.

Il ne reste donc plus pour le service de la voie publique, que 13 agents, formant trois brigades, dont deux de trois hommes et un chef de brigade. La troisième se compose de quatre hommes dirigés par un sous-brigadier.

Ensemble des opérations effectuées par le Service depuis une année

Depuis le 15 mai 1887, date à laquelle nous avons fourni notre dernier rapport, l'ensemble des opérations auxquelles le Service de la police a procédé, se décompose ainsi qu'il suit :

Enquêtes, renseignements et recherches par notes administratives : 1,740.

Ces affaires ont nécessité chacune un ou plusieurs rapports.

Dans le même espace de temps, 1,136 lettres, ont du être distribuées par les agents, pour le service de la simple police. Ces distributions ont amené de multiples recherches, car la plupart des contrevenants sont des libérés, et leur domicile de la veille n'est plus celui du lendemain.

Nous avons eu dans le courant de la même année 849 affaires à instruire. Ces affaires ont amené l'arrestation de 700 individus, dont :

81 hommes libres,
3 femmes libres,
285 libérés.
11 femmes libérés,
317 indigènes,
3 femmes indigènes.

Total : 700

Patentes et débits de boissons

Il y a eu six fermetures d'établissements, dont quatre débits de boissons.

Les débits sont généralement bien tenus, quelques uns, aux contraire, doivent être, de notre part, l'objet d'une surveillance incessante.

Cette même surveillance est nécessitée par la présence dans ces établissements, de gens suspects (libérés, vagabonds et filles de mauvaise conduite).

Libération

Au 15 mai 1887, le nombre de libérés présents dans la colonie était de 3,000, aujourd'hui il est de 3,250.

A la meme époque 68 libérés étaient autorisés à résider à Nouméa, aujourd'hui ce chiffre s'est élevé a 817. Dans ce nombre ne sont pas comptés ceux qui ne sont pas soumis à la surveillance et qui peuvent circuler sans contrôle.

Immigration

Les indigènes travaillant au chef-lieu nécessitent également une surveillance de tous les instants. Dans le courant de l'année qui vient de s'écouler, il y a eu 317 arrestations de canaques, pour ivresse, tapage et rixe dans les rues.

Chiens errants

Depuis l'année dernière nous avons fait huit tournées dans les rues de la ville pour ramasser les chiens sans maître. Il y en a eu 116 de mis en fourrière, 10 seulement ont été réclamés, le reste a été abattu.

Situation actuelle et besoins du service

Nous avons demandé des fonds secrets pour le Chef du Service de la police. Cette dépense est nécessaire et sera très utile. On pourrait réduire de moitié la somme demandée : elle nous aidera en payant des auxiliaires, à découvrir les auteurs de nombreux vols qui se commettent à Nouméa et que nous cherchons vainement aujourd'hui. Nous estimons cette dépense à 600 francs.

Prison

Le service de la prison prend chaque jour une plus grande importance, tant par suite de la présence des libérés de la 2e section qui ont à subir la peine de l'emprisonnement que des mouvements nombreux occasionnés par la mise à la disposition de la justice ordinaire des libérés de la 1re section en prévention.

Le personnel actuel se compose d'un gardien chef comptable dont la solde semble devoir être augmentée, de deux guichetiers et d'une surveillante pour les femmes ; ce personnel sera à bref délai insuffisant.

Une grande amélioration a été apportée dans l'installation des prisonniers, par suite du remplacement des lits de camp par des hamacs ; ce système de couchage est un progrès à tous les points de vue

L'effectif des prisonniers de toutes catégories est monté jusqu'à 96 ; s'il se maintenait à ce chiffre il y aurait lieu de songer à construire les logements du personnel et les dépendances nécessaires qui, jusqu'à ce jour ont été pris dans les bâtiments destinés aux prisonniers : heureusement l'effectif a diminué, et nous avons un chiffre de 78 pour l'effectif moyen en 1887, et un chiffre de 66 pour les 6 premiers mois de 1888.

Les prisonniers travaillent dans la mesure des besoins, sur les chantiers du Service des ponts et chaussées.

La prison laisse toujours à désirer au point de vue de l'eau alors que, dans un but d'hygiène, l'eau devrait être en grande quantité dans cet Etablissement, où, par suite de la hauteur des murs, l'aération laisse à désirer.

Pour remédier en partie à cet inconvénient il a été creusé, en dehors du mur d'enceinte, et par les moyens de la prison, un puits qui donne de l'eau en abondance : malheureusement celle-ci est saumâtre et ne pourra servir qu'à certains usages.

Divers caniveaux ont été faits, mais il reste encore certains travaux de même nature à exécuter pour donner à la santé publique les garanties nécessaires.

AFFAIRES INDIGÈNES

La situation politique des tribus de la grande terre et des îles dépendantes continue à être bonne.

Depuis l'année dernière aucune difficulté sérieuse n'est venue troubler la tranquillité de la colonie. L'attitude incertaine de quelques tribus du centre et du Nord de l'île s'est complètement améliorée depuis que l'Administration a obtenu, de certains éleveurs, la construction de clôture pour protéger les cultures indigènes contre les incursions de leur bétail.

Dans le premier arrondissement les indigènes, y compris ceux de l'île des Pins, parmi lesquels se trouvent encore près de 700 ex-insurgés de 1878, sont très paisibles; ils s'adonnent de plus en plus aux cultures en usage chez les colons européens et font un certain commerce avec leurs légumes, fruits, maïs, poissons, porcs, etc.

Les ex-insurgés de l'île des Pins ont fourni une centaine de travailleurs à l'agriculture, dont on est en général satisfait. Depuis qu'il a été fait usage de cette main-d'œuvre, un certain nombre de colons ont adressé de nouvelles demandes à l'Administration pour obtenir de ces travailleurs; elle s'efforcera d'y donner satisfaction dans la mesure du possible.

Les tribus du 2e arrondissement sont toujours soumises et dévouées. — L'ivrognerie, qui prenait chez elles un développement inquiétant, a été enrayée par l'application de l'arrêté du 23 décembre 1887. A Canala, en particulier, les chefs de tribu ont établi sur leur territoire un système de surveillance qui a donné les meilleurs résultats.

Les tribus de cette localité fournissent volontiers aux planteurs qui ont pour habitude de bien traiter les naturels qu'ils emploient et de les rénumérer avec exactitude. les travailleurs dont ils ont besoin pour faire leurs récoltes; mais là, comme dans toutes autres parties de la colonie, l'autochtone se plie très difficilement aux travaux d'une certaine durée.

Dans le troisième arrondissement, l'Administration a eu à régler, au commencement de l'année courante, quelques difficultés survenues entre les tribus de Pounérihouen.

Pour ramener la tranquillité sur ce point, elle a du interner à l'île des Pins quelques fauteurs de désordres, et le calme a été aussitôt rétabli. Ces difficultés ne concernaient d'ailleurs que les indigènes; la population européenne n'était en aucune façon inquiétée.

Les canaques du troisième arrondissement sont moins avancés, comme civilisation, que leurs congénères des arrondissements dont il vient d'être question; ils commencent cependant à tirer partie de leurs nombreux cocotiers, et vendent chaque année une quantité appréciable de coprah.

Le quatrième arrondissement est aussi tranquille que le précédent bien que les tribus qui y vivent soient moins civilisées que celles des autres circonscriptions. Elles commencent cependant à se rapprocher de nous et à se montrer dociles.

Vers la fin de l'année dernière, plusieurs d'entre elles ont consenti à se charger de l'exécution d'une route muletière, destinée à ouvrir la région comprise entre Hyenghène et Voh.

Les tribus du littoral de cette partie de la colonie font avec les colons leurs voisins un certain commerce dont la base est le produit du cocotier.

Les tribus de Hyenghène produisent aussi une certaine quantité de café.

Les indigènes du cinquième arrondissement ne sont guère plus avancés que ceux du quatrième, sauf ceux des tribus du bord de mer qui depuis un certain temps déjà tirent un parti sérieux de leurs productions. La tribu de Pouébo, par exemple, vend chaque année pour 25 ou 30.000 francs de coprah, porcs, etc., aux commerçants établis dans son voisinage.

Au commencement de l'année courante, elles ont sur la demande de l'Administration, remis à neuf la route de Gomen à Oubatche, sur laquelle toute circulation était interrompue depuis plus de deux ans.

L'Archipel des Loyalty jouit aussi de la plus grande tranquillité.

Les indigènes des îles Maré, Lifou et Ouvéa sont beaucoup plus avancés que ceux de la grande terre. On peut aujourd'hui leur demander sans aucun inconvénient, de contribuer aux charges générales de la colonie. Ces habitants font un commerce relativement important avec le chef-lieu et, de plus, profitent du bienfait de nos institutions.

La population des Loyalty qui peut être évaluée à 13,000 habitants fournit annuellement de 6 à 700 travailleurs, tant pour les Services publics que pour les particuliers. L'industrie minière a trouvé jusqu'à ce jour, de ce côté, une main-d'œuvre qu'elle semble préférer à celle des libérés, malheureusement les travailleurs de cette catégorie commencent à trouver que le trouver que le travail des mines est pénible, et il y a lieu de craindre qu'ils ne demandent prochainement des salaires beaucoup plus élevés que ceux dont ils se contentent présentement.

La situation indigène de la colonie s'est donc en général, sensiblement améliorée depuis un an, grâce aux mesures prises par l'autorité et à la surveillance particulière qui a été exercée sur les tribus.

Les velléités d'insoumission ou d'hostilité que, l'on remarquait encore l'année dernière dans certaines trbus du Nord, ont complètement disparu. L'Administration dégagée de ce souci, peut désormais se consacrer plus entièrement à l'œuvre de civilisation qu'elle a entreprise et qu'elle a le devoir de mener à bonne fin. Elle a porté dans ce but, à 18 le nombre des écoles indigènes du gouvernement établies dans les tribus, soit cinq de plus que l'année dernière.

Les nouvelles écoles ont été créées. savoir : trois à Lifou, une à Ouvéa et une à Ponnérihouen.

Les 18 écoles existantes reçoivent chaque année 1,433 enfants.

Dans le but de donner satisfaction au vœu des tribus populeuses de Lifou, l'Administration a le projet de doter, pendant l'exercice courant, cette importante dépendance de la colonie, de 3 nouvelles écoles.

La population indigène de cette île a offert de construire à ses frais les bâtiments nécessaires à ces installations ; la dépense qui en résulterait n'entraînerait donc aucun dépassement de crédit.

Effectif des Écoles indigènes

LOCALITÉS		NOMBRE D'ÉLÈVES Garçons	Filles	Total	TOTAL GÉNÉRAL	OBSERVATIONS
Grande Terre..	Yahoué........	20	«	20	804	Ecole de garçons.
	Canala.........	75	«	75		d°
	Houaïlou	40	«	40		d°
	Pounérihouen..	45	«	45		d°
	Baï...........	50	«	50		d°
	Hienghène.....	18	«	18		d°
	Koné..........	16	«	16		d°
	Bourail........	40	«	40		d°
Maré.....	Tadine	30	28	58	564	Ecole mixte
	Netché	70	40	110		d°
	Ro............	116	65	181		d°
	Peyetche	25	12	37		d°
	Tawainèdo.....	62	38	100		d°
	Medu..........	40	38	78		d°
Lifou....	Chépénéhé.....	«	«	150	380	d
	Natcham.......	«	«	120		d°
	Wé............	«	«	110		d°
Ouvéa...	Fayahoué......	110	75	185	185	d°
TOTAL............					1433	

IMMIGRATION

Pendant le dernier exercice, le Service a marché régulièrement, les recettes sont bonnes, on peut constater plus de régularité dans le paiement des salaires dus par les engagistes, aussi des néo-hébridais, ayant plus de 8 ans de séjour dans la colonie, sont ils venus, en assez grand nombre contracter de nouveaux engagements, voulant ainsi rester sous notre protection sans user des droits que leur donne l'article 75 de l'arrété du 26 mars 1874, de devenir résidents libres.

Au 1er juin 1887, il y avait en Nouvelle-Calédonie, soit à Nouméa ou la brousse, néo-hébridais : 1.746.

Dans le courant de l'année il y a eu à déduire :

35 décédés } Ensemble 110
75 rapatriés }

Immigration chinoise

Quant aux Chinois que la Société le « Nickel » avait engagés à Singapore et introduits en Nouvelle-Calédonie, à la date du 27 décembre 1884, au nombre de 166, il n'en existe actuellement que 139 par suite des décès survenus; tous ces engagés sont libres d'engagement depuis le mois dernier, après avoir remplacé toutes les journées d'absence au travail, d'après la déclaration de M. le Directeur de cette Société et demandent à être rapatriés, à l'exception d'une quinzaine d'entre eux qui désireraient se fixer dans le pays.

SERVICE DES PORTS

Par suite de la remise des phares au Service des ponts et chaussées et de la nouvelle organisation du pilotage, le Service du port se trouve simplifié. La suppression du lieutenant de port, votée par le Conseil général en 1888 pourra être maintenue sans inconvénient pour 1889; j'ai toujours considéré que le personnel des ports pouvait être modifié de la manière suivante :

1 Capitaine de port,
1 Ecrivain expéditionnaire,
1 Maître de port, chargés du service actif et du travail du bureau.

1 Patron d'embarcation, chargé de la corvée, et 14 indigènes canotiers suffiraient pour assurer le service à Nouméa.

1 Lieutenant de port et six indigènes canotiers suffiraient également pour assurer le service du port de Pam.

Si je propose de porter le nombre d'indigènes canotiers du port de Nouméa à 14, c'est que pendant le premier semestre 1888 j'ai dû :

1° dans diverses circonstances afin d'assurer le service emprunter des indigènes pour armer des canots.

2° Cesser de ravitailler le lazaret et l'île aux Chèvrer.

Les mouvements des navires dans le port n'ayant fait qu'augmenter, le service des embarcations est devenu pas conséquent plus considérable.

En 1886	Il entré 86 navires formant ensemble 37.729 tonneaux. Et il est sorti de ce port 70 navires formant 34.372 tonneaux.
En 1887	Il est entré dans le port de Nouméa 135 navires formant 95.969 tonneaux. Il en est sorti 134, formant 93.995 tonneaux.

Le materiel flottant étant vieux demande des réparations constantes, la yole est rendue à bout de courses, en 1889 elle devra être remplacée par un youyou.

www.ingramcontent.com/pod-product-compliance
Ingram Content Group UK Ltd.
Pitfield, Milton Keynes, MK11 3LW, UK
UKHW022149260726
13993UKWH00005B/2251

9 782329 173108